Armin Täubner

Kinderleichte Fensterbilder
Weihnachtsmotive

Mit Vorlagen in Originalgröße

frech-verlag

ISBN 3-7724-1280-7 · Best.-Nr. 1280 · © Copyright 1989 by Frech

4. 5. Auflage
Erste Zahl maßgebend

frech-verlag

Jahr: 1993 92 91 90 89
Letzte Zahl maßgebend

Printed in Western Germany · Druck: Frech, Stuttgart-Weilimdorf

Liebe Kinder

Fensterbilder sind eine schöne Sache. Ganz besonders vor Weihnachten schaffen sie die richtige Stimmung. Darum habe ich kinderleichte Fensterbilder ganz speziell für diese Jahreszeit zusammengestellt. Sie heißen nicht nur „kinderleicht“, sie sind es auch. Wenn Euch etwas nicht ganz gelingen will, so helfen Mutti oder Vati sicher ein wenig mit. Schließlich haben sie ja nachher auch Freude daran.

Diese Fenster- oder Wandbilder können natürlich auch zum Weihnachtsgeschenk werden. Tonpapier und Tonkarton sind gar nicht teuer, und sicher kennt Ihr noch Freunde, die Euch für den Bastel- und Geschenktip dankbar sind. Gemeinsam eingekauft wird der Spaß noch billiger!

Viel Freude und Erfolg

Armin Täubner

So entsteht ein Wand- oder Fensterbild

1. Du wählst nach den Fotos im Buch ein Bild aus, das Dir gut gefällt und suchst dann auf dem beiliegenden Vorlagenbogen das Schnittmuster heraus.
2. Nun bittest Du Deine Mutter um ein größeres Stück *Butterbrotpapier*. Noch besser eignet sich *Transparentpapier*. Dieses durchsichtige Papier legst Du auf das gewünschte Schnittmuster. Mit einem *Bleistift* zeichnest Du alle Teile des Schnittmusters nach. Die Teile sollen sich dabei nicht überschneiden oder teilweise verdecken, wie auf dem Schnittmuster, sondern nebeneinander liegen, so daß Du sie einzeln ausschneiden kannst. Damit Du den Verlauf der verschiedenen Linien besser verfolgen kannst, sind sie gestrichelt, punktiert oder durchgezogen.
3. Jetzt hast Du also alle Teile nebeneinander auf das Transparentpapier gezeichnet. Dieses Transparentpapier klebst Du nun auf einen *leeren Bogen Zeichenpapier oder auf dünnen Karton*. Zum Kleben nimmst Du einen Pritt-Stift. Die aufgezeichneten Teile müssen nun ganz genau ausgeschnitten werden. Wir nennen sie Schablonen.
4. Jede Schablone legst Du auf den Karton mit der entsprechenden Farbe und umfährst sie mit einem spitzen Bleistift. Hast Du die Schablonen ausgeschnitten, kannst Du gleich die Teile für mehrere Fensterbilder aufzeichnen und ausschneiden.
5. Alle Kartonteile werden sauber ausgeschnitten. Meistens kommst Du mit einer *spitzen, mittelgroßen Schere* aus. Doch wenn eine runde Öffnung herausgeschnitten werden soll, nimmst Du am besten eine *Nagelschere*. Die Bleistiftlinien werden vorsichtig ausradiert.
6. Damit jedes Teil an die richtige Stelle kommt, legst Du alle Teile auf das Schnittmuster und klebst sie hier zusammen.
7. Für alle Klebungen ist der Pritt-Alleskleber geeignet. Sehr praktisch für Papier- und Pappklebungen ist aber auch der Pritt-Stift.

Er sollte bei festem Karton zwei- bis dreimal aufgetragen werden, sonst genügt ein Strich über die Klebestelle.

8. Jedes Wand- oder Fensterbild braucht mindestens ein Loch für die Aufhängung.
Diese Löcher sind auf den Vorlagenbögen als kleine Kreise oder Punkte eingezeichnet und sollten von Dir ebenfalls auf die entsprechenden Schablonen übertragen werden.
Du legst einfach die Schablone mit dem eingezeichneten Loch auf das fertige Bild und stichst mit einer *Vorstechnadel* oder einem *Stechzirkel* durch die Schablone und durch das Bild.
Vorher mußt Du aber für eine *Unterlage aus alten Zeitungen, Karton oder ähnlichem* sorgen.
Das Bild wird an *kräftigem Nähgarn* aufgehängt.

9. *Der Unterschied zwischen Wand- und Fensterbild* besteht darin, daß beim Wandbild alle Teile nur einmal benötigt werden, weil man immer nur dieselbe Seite sieht.
Beim Fensterbild siehst Du aber beide Seiten.
Deshalb müssen manche Teile doppelt ausgeschnitten und auch auf die Rückseite geklebt werden.

10. Je kräftiger die Farben Deines Fensterbildes sind, desto stärker bleichen sie bei starker Sonnenbestrahlung aus. So wird aus Dunkelblau mit der Zeit Hellblau und aus Rot wird Rosa.
Wandbilder behalten ihre kräftigen Farben, weil sie nicht direkt in der Sonne hängen.

Alle Fensterbilder in diesem Buch werden aus farbigem *Tonkarton* gefertigt, der in mehreren Stärken in Papier- und Schreibwarengeschäften erhältlich ist.
Frage dort nach *Tonkartons mit einem Quadratmetergewicht zwischen 200 und 250 g.*
Wenn Du für ein Fensterbild eine bestimmte Farbe, z.B. Rosa, benötigst und sie in diesem Geschäft nicht vorrätig ist, kannst Du auch das dünnere *Tonpapier* in der gewünschten Farbe verwenden. Du zeichnest die Figur auf, schneidest sie grob aus und klebst sie auf ein anderes Tonpapierstück. Nun wird die Figur exakt ausgeschnitten. Du mußt also einfach für die Figuren das Papier doppelt nehmen.

Hoppe, hoppe Reiter!
Wenn er fällt, dann schreit er.

1. Schaukelpferd: Die Mähne mußt Du doppelt ausschneiden und auf Vorder- und Rückseite des Pferdehalses ankleben. Mit schwarzem Filzstift werden die Augen aufgemalt.

2. Engel: Hier müssen beide Teile doppelt ausgeschnitten werden. Klebe einen Engel auf den Pferderücken, von der Rückseite des Fensterbildes dann den anderen genau dagegen. Zum Schluß werden, ebenfalls auf beiden Seiten, die Haare angebracht.

Die verkleinerten Zeichnungen können Dir dabei helfen, die Originalzeichnungen auf dem Vorlagenbogen zu finden.

Sternenengel

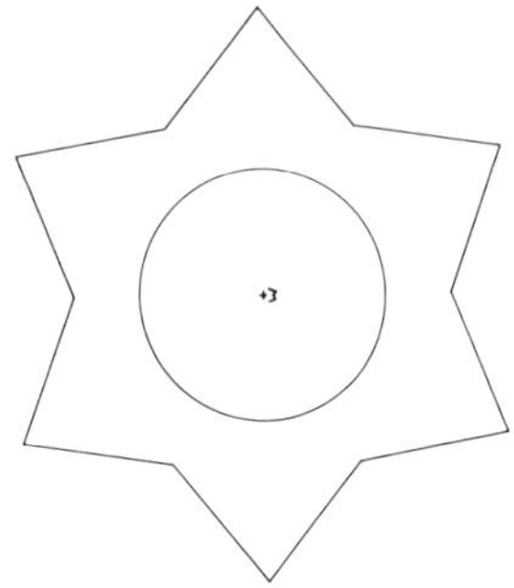

Alle Teile sind in Originalgröße auf dem Vorlagenbogen.

1. Stern: Ziehe beim Anfertigen der Schablone die Sternzacken mit Bleistift und Lineal nach. Anschließend stichst Du mit dem Zirkel im Mittelpunkt M ein. Den Kreis brauchst Du nicht zu ziehen und auch nicht auszuschneiden.
Nun wird die Sternschablone ausgeschnitten.

2. Wenn die Sternschablone auf den Tonkarton gelegt wird, muß zuerst das Loch in der Sternmitte mit dem Zirkel nochmals eingestochen werden. Jetzt werden mit Bleistift die Sternzacken nachgezeichnet. Wenn Du die Schablone wegnimmstm fehlt noch der Innenkreis. Den Mittelpunkt M hast Du ja bereits eingestochen. Du mußt also nur noch mit dem Zirkel den Kreis um diesen Mittelpunkt zeichnen.

3. Für das Ausschneiden des Innenkreises verwendest Du am besten eine Nagelschere. Du stichst in der Mitte ein und arbeitest langsam zur Kreismitte hin. Mit einer normalen Schere werden die Sternzacken ausgeschnitten.

4. Engel: Schneide das Engelsgesicht gleich mehrmals aus, und male Augen, Mund und Nase auf. Auf den Engel klebst Du das schönste Gesicht. Von hinten werden noch die Flügel angeklebt. Zum Schluß wird der Engel am Stern befestigt.

Ein Lichtlein brennt

Die Zeichnung findest Du in Originalgröße auf dem Vorlagenbogen.

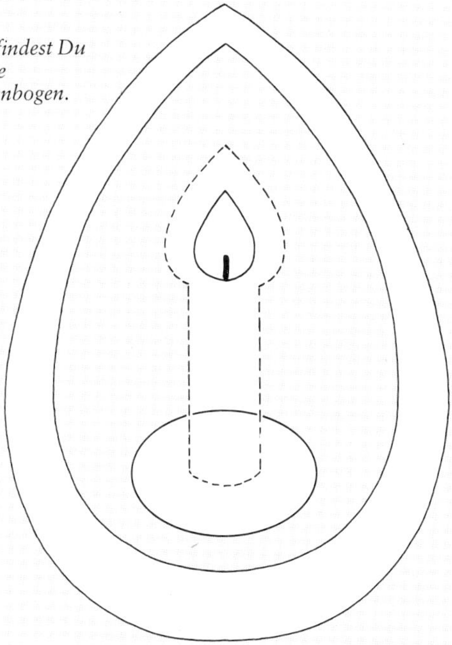

1. Die gelbe Kerzenflamme doppelt, alle übrigen Teile einmal ausschneiden.

2. Schneide den Rahmen zuerst nur grob aus. Nun wird der innere, dann der äußere Umriß genau nachgeschnitten.

3. Mit schwarzem Filzstift malst Du auf die gelben Flammen die Kerzendochte. Die Flammen werden auf Vorder- und Rückseite der Kerze aufgeklebt.
Anschließend klebst Du die Kerze auf den (– perspektivisch gesehen –) ovalen Kerzenhalter.

4. Jetzt fehlen nur noch die Aufhängelöcher an Kerze und Rahmen, sowie der Faden, der beides miteinander verbindet.

Seid Ihr auch immer brav gewesen?

Die Originalgröße der Zeichnung ist auf dem Vorlagenbogen.

1. Schneide alle Teile einmal aus.
Weil viele Kinder beim Aufmalen des Gesichts Schwierigkeiten haben, schneidest Du das Gesicht am besten mehrmals aus und malst mehrere Gesichter. Nun kannst Du das schönste Gesicht für den kleinen Weihnachtsmann aussuchen.

2. Beim Zusammenkleben werden die Schuhe von hinten an den Weihnachtsmann angeklebt. Von vorne klebst Du das weiße Haar-Bartteil und darauf das Gesicht. Es folgen nun der Sack und die beiden Hände. Der fertige Weihnachtsmann wird mitten auf die Wolke geklebt.

Reich beschenkt vom Nikolaus

1. Den weißen Stiefelbesatz und den Stern mußt Du doppelt ausschneiden, alle übrigen Teile nur einmal.

2. Beim Teddybären beginnst Du mit der runden, weißen Scheibe, auf die mit schwarzem Filzstift die Schnauze gemalt wird. Diese Schnauze klebst Du nun auf den Bärenkopf und malst die Augen auf.

3. Am roten Stiefel wird der weiße Besatz angeklebt. Klebe von der Rückseite Apfel und Apfelsine, Tannenzweige, den Teddybären und den zweiten Stiefelbesatz an. Dabei mußt Du beachten, daß diese Dinge nicht zu tief in den Stiefel gesteckt werden.

Ein Schneemann, der nicht schmelzen kann

1. Rahmen: Für den Rahmen ist keine Schablone nötig. Du nimmst einfach einen Zirkel und zeichnest zwei Kreise um denselben Mittelpunkt M mit den Radien 8 cm und 10,2 cm.
Schneide zuerst die Innenfläche aus. Dabei darfst Du die Schere nicht zu dicht am Rahmen einstechen, weil er sonst beschädigt wird oder Druckstellen bekommt.
2. Schneemann: Nach dem Ausschneiden klebst Du den Schneemann dicht auf den Rahmen. Auf Vorder- und Rückseite den Hut aufkleben.
Mit Filzstift werden Gesicht und Knöpfe aufgemalt. Besen und Vogel vervollständigen das lustige Bild.

Kleiner Kerzenengel

1. Kerze: Die Kerze mußt Du nur einmal, die Flamme aber zweimal ausschneiden. In die Flamme wird mit schwarzem Filzstift der Docht gemalt. Nun kann die Flamme auf Vorder- und Rückseite der Kerze aufgeklebt werden.

2. Engel: Hier werden alle Teile, bis auf die ausgestreckte Hand, einmal ausgeschnitten. Auf das rosa Gesichtsteil malst Du mit schwarzem Filzstift Augen, Nase und Mund, bevor Du die Hände befestigst. Klebe von hinten die halbmondförmigen Flügel und die ausgestreckte Hand an.

Ein Schneemann steht im Winterwald

Die Originalgröße der Zeichnung ist auf dem Vorlagenbogen.

1. Für die blaue Kartonscheibe, auf die später alle Teile geklebt werden, benötigst Du einen Zirkel. Du stichst im Kreismittelpunkt M ein und ziehst einen Kreis mit dem Radius 9,8 cm. Anschließend wird die Kartonscheibe ausgeschnitten.

2. Den Schneemann, seine Mütze, die Tannen, den Vogel und die Wolken schneidest Du am besten mit einer Nagelschere aus. Mit Filzstift werden das Schneemanngesicht und die schwarzen Knöpfe aufgemalt. Nun brauchst Du die ausgeschnittenen Teile nur noch auf die Kartonscheibe zu kleben.

3. Für die Rückseite des Fensterbildes schneidest Du dieselben Figuren nochmals aus und klebst sie auf.

Ein Tip: Das Fensterbild sieht auch schön aus, wenn Du eine grüne Kartonscheibe wählst.

Der Weihnachtsmann ist gut gelaunt

Alle Teile sind in Originalgröße auf dem Vorlagenbogen.

1. Für die **Schablone** können die Kreislinien entweder von Hand oder aber mit dem Zirkel nachgezogen werden. Wer mit dem Zirkel arbeitet, muß im Kreismittelpunkt M einstechen.

2. Zum **Ausschneiden** des inneren Rahmens und des Weihnachtsmannes eignet sich eine Nagelschere am besten. Alle anderen Schnitte kannst Du mit einer Haushalts- oder Bastelschere ausführen.

3. **Weiße Mantelsäume** brauchst Du viermal, den weißen Mützenpompon zweimal. Sie werden jeweils auf Vorder- und Rückseite an den Weihnachtsmann geklebt.

4. Auf das rosa Gesicht malst Du mit Filzstift Augen, Nase und Mund. Vielleicht zeichnest Du das Gesicht ganz leicht mit Bleistift vor.

5. Das Haar-Bartteil und das Gesicht werden nun am Weihnachtsmann befestigt.

Die Heilige Familie

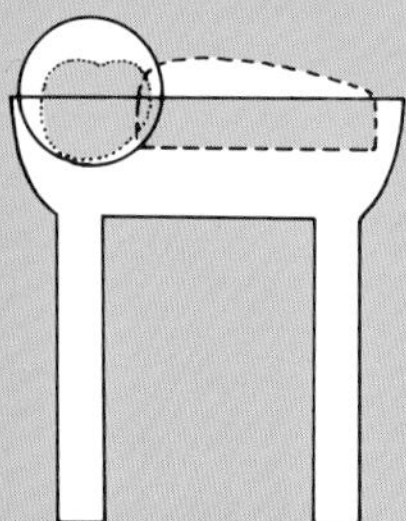

1. **Maria und Josef:** Die Formen sind miteinander verschmolzen. Die ganze Silhouette besteht aus einem roten Kartonstück.

2. Mit Bleistift werden die Gesichter von Maria und Josef leicht vorgezeichnet und mit schwarzem Filzstift nachgezogen.

3. Bei Maria klebst Du zuerst das Haar auf den roten Karton, dann das Gesicht auf das Haar. Bevor Josefs Hut aufgeklebt werden kann, muß sein Gesicht befestigt werden.

4. Klebe an die Krippe von der Rückseite zuerst den Kopf des Kindes, dann die weiße Decke und schließlich den Heiligenschein.

5. Nun wird die Krippe vor Maria und Josef angebracht. Abschließend klebst Du noch die beiden Hände an.

Vom Himmel hoch, da komm' ich her

1. Zum Ausschneiden der Wolke leihst Du Dir am besten Muttis Nagelschere.

2. Beim Herstellen der Sternschablone sollstest Du unbedingt mit dem Lineal arbeiten. Die Sterne werden stets von der Zackenspitze zur Mitte hin ausgeschnitten.

3. Zeichne das Engelsgesicht leicht mit Bleistift vor und fahre dann mit einem feinen, schwarzen Filzstift nach. Am Engel werden anschließend Gesicht und Flügel angeklebt.

4. Die Aufhängelöcher sollten nicht zu dicht am Rand eingestochen werden, damit sie nicht ausreißen.

5. Wenn die Fäden angebunden werden, sollten die Abstände zwischen den Sternen bzw. zwischen Wolke und Sternen etwa gleich groß sein.

Der Weihnachtsmann auf dem Kometenschweif

Die Zeichnung findest Du in Originalgröße auf dem Vorlagenbogen.

1. Den Stern solltest Du für die Schablone unbedingt mit dem Lineal nachzeichnen.

2. Der Weihnachtsmann besteht aus drei Teilen. Auf den roten Körper klebst Du zunächst das weiße Haar-Bartteil. Das rosa Gesicht wird dann darauf geklebt. Augen, Nase und Mund mit Filzstift aufmalen.

3. Der Weihnachtsmann wird nun auf den Kometenschweif gesetzt.

4. Erst jetzt kannst Du ausbalancieren, an welchem Punkt das Aufhängeloch sein soll.

Der Engel im Mond

Alle Einzelteile des Bildes kannst Du in Originalgröße dem Vorlagenbogen entnehmen.

1. Beim Herstellen der Sternschablone solltest Du unbedingt mit Lineal und Bleistift arbeiten. Die Sternzacken werden immer von der Spitze zur Sternmitte hin ausgeschnitten.

2. Den Engel mußt Du doppelt ausschneiden. Achte darauf, daß beide Engel genau aufeinander passen. Jeweils ein Engel wird auf die Rück- und Vorderseite des Mondes aufgeklebt.

3. Zeichne mit einem Bleistift auf das rosa Gesicht kaum sichtbar Augen, Nase und Mund vor und übermale sie anschließend mit einem feinen, schwarzen Filzstift.

4. Nun faßt Du das Fensterbild oben am Mond leicht zwischen Daumen und Zeigefinger und wechselst die Position der beiden Finger, bis das Bild gut ausbalanciert ist. An dieser Stelle wird das Aufhängeloch eingestochen und der Faden durchgezogen.

5. Zum Schluß wird der Stern befestigt.

Adventskranz

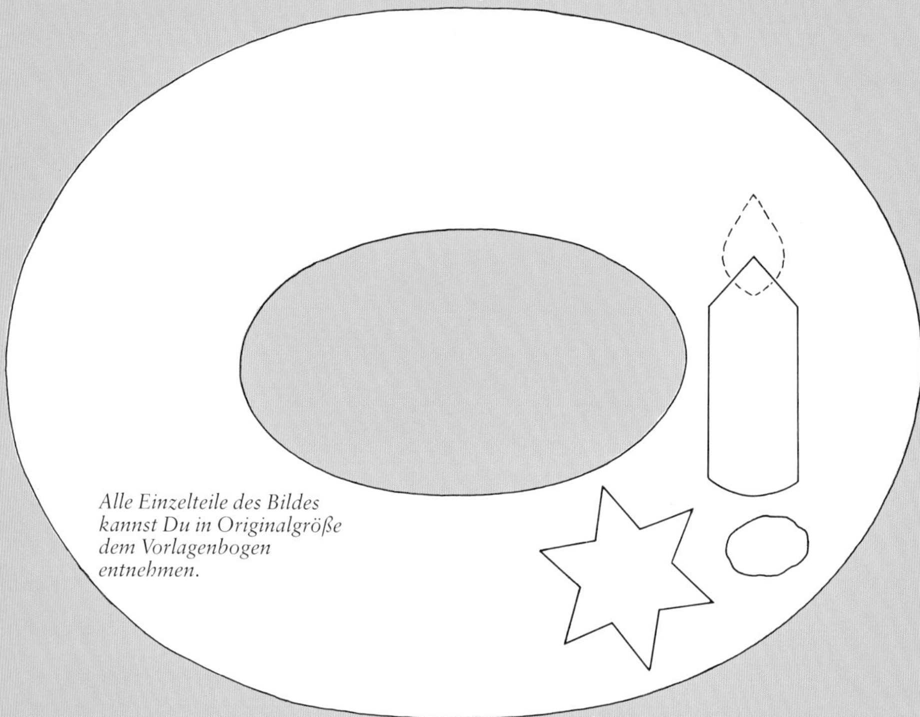

Alle Einzelteile des Bildes kannst Du in Originalgröße dem Vorlagenbogen entnehmen.

1. Jede brennende Kerze besteht aus zwei Teilen. Du kannst mit jedem Adventssonntag eine Kerze mehr anzünden, indem Du erst dann die Flamme auf die Kerze klebst.

2. Beim Aufzeichnen der Sternschablone solltest Du auf jeden Fall ein Lineal verwenden.

3. Die vier Kerzen werden in regelmäßigen Abständen auf den Kranz geklebt. Zwischen den Kerzen ist genügend Platz für einige Nüsse und Sterne.

4. Zusätzlich kannst Du noch einige Sterne mit Fäden an den Kranz hängen.

Der Weihnachtsmann ist unterwegs

1. Weihnachtsmann: Auf den roten Rumpf klebst Du das weiße Haar-Bartteil und darauf das rosa Gesicht. Augen, Nase und Mund werden mit Bleistift vorgezeichnet und mit Filzstift nachgezogen. Nun werden die beiden Hände befestigt.

2. Rentier: Auf einfachste Art läßt sich das Rentier mit der Nagelschere ausschneiden. Mit schwarzem Filzstift werden die Augen aufgezeichnet und die Hufe eingefärbt. Anschließend klebst Du je einen Sack von der Vorder- und von der Rückseite am Rentier fest. Als kleinen Farbtupfer kannst Du noch einen Vogel auf den Sack setzen.

3. Weihnachtsmann und Rentier werden an der großen weißen Wolke aufgehängt.

Engelstor

Die Zeichnung findest Du in Originalgröße auf dem Vorlagenbogen.

1. Beim Nachzeichnen des Sternes und des bogenförmigen Rahmens solltest Du ein Lineal verwenden.

2. Lege den Stern in die Mitte des Rahmens.

3. Nun werden zwei Engel so am Rahmen angeklebt, daß sie mit den Händen noch den Stern festhalten.

4. Auf der Rückseite kannst Du zwei weitere Engel genau auf die anderen kleben.

Gestern hat's geschneit

1. Am grünen Haus klebst Du Tür, Fenster und das Dach an. Auf der Rückseite werden dieselben Teile angebracht. Dabei mußt Du beachten, daß auch auf der Rückseite das Fenster und nicht die Türe unter dem Kamin angeordnet werden.

2. Nun klebst Du das weiße Bodenstück an das Haus. Die Tür befindet sich genau dort, wo im Bodenstück die türbreite Einbuchtung ist. Auf der Rückseite wird das andere Bodenstück angeklebt.

3. Den Hut des Schneemannes mußt Du ebenfalls doppelt ausschneiden und von vorne und hinten am Schneemann anbringen. Mit Filzstift malst Du Gesicht und Knöpfe auf.

4. Schneemann und Tannenbaum werden auf der Vorderseite des Fensterbildes angeklebt.

Ein Männlein steht im Walde ...

Alle Einzelteile des Bildes kannst Du in Originalgröße dem Vorlagenbogen entnehmen.

Natürlich steht in der Adventszeit ein Schneemann in unserem Mobile-Wald.

1. Himmel: Beim Herstellen dieser Schablone darfst Du die Aufhängelöcher nicht vergessen. Himmel und Wolken lassen sich am einfachsten mit einer Nagelschere ausschneiden. Am Himmel werden auf Vorder- und Rückseite jeweils zwei Wolken aufgeklebt.

2. Schneemann: Bevor Du mit rotem und schwarzem Filzstift Gesicht und Knöpfe aufmalst, muß der Hut auf Vorder- und Rückseite des Schneemannes angeklebt werden. Nun wird das Aufhängeloch eingestochen und der Schneemann wie die beiden Tannen am Faden aufgehängt.

Draußen steht ein Tannenbaum ...
...als Paradies für hungrige Vögel

Die Zeichnung findest Du in Originalgröße auf dem Vorlagenbogen.

Dieses Fensterbild ist wirklich kinderleicht und schnell fertig. Wenn Du den Tannenbaum mit dem schneebedeckten Bodenstück ausgeschnitten hast, müssen nur noch die bunten Vögel aufgeklebt werden. Zum Ausschneiden der Vögel eignet sich am besten eine Nagelschere. Mit schwarzem Filzstift werden noch die Augen aufgemalt. Vielleicht kannst Du noch, ebenfalls mit Filzstift, einige Körner für die hungrigen Vögel auf den schneebedeckten Boden malen!

Tanzender Weihnachtsmann

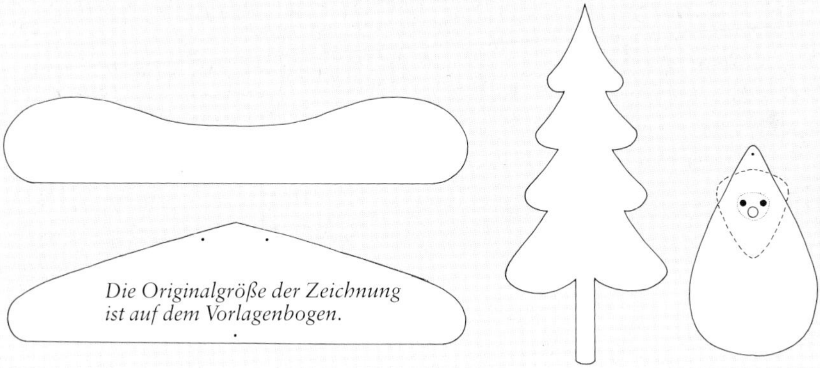

Die Originalgröße der Zeichnung ist auf dem Vorlagenbogen.

1. Für den blauen Himmel und das weiße Bodenstück sollte der Karton nicht zu dünn sein, weil er sich sonst beim Aufhängen verbiegt. Wenn Du dieses Fensterbild fertig hast und sich das Bild verbiegt, klebst Du einfach nochmals ein Kartonstück derselben Farbe auf die Rückseite und schneidest die Umrisse mit der Schere nach.

2. Spitze und Stamm der beiden Tannenbäume werden am Himmel und am Bodenstück aufgeklebt. In diesem Rahmen wird später der Weihnachtsmann tanzen.

3. Auf den tropfenförmigen Körper des Weihnachtsmannes klebst Du das weiße Haar-Bartteil. Das Gesicht schneidest Du am besten mehrmals aus und malst mit Filzstift Augen und Nase auf. Nun kannst Du das schönste Gesicht für Deinen Weihnachtsmann aussuchen und aufkleben.
Jetzt muß nur noch das Aufhängeloch an der Mützenspitze eingestochen werden. Am Himmel ebenfalls Aufhängelöcher einstechen und die Fäden durchziehen und anknoten.

Ihr Kinderlein kommet: Der Weihnachtsmann ist da!

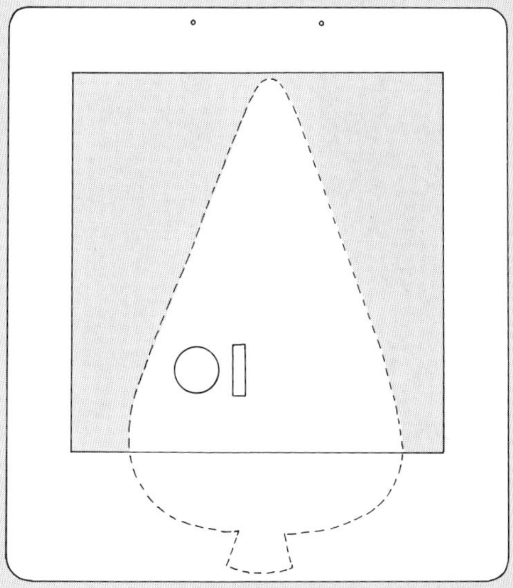

Die verkleinerten Zeichnungen können Dir dabei helfen, die Originalzeichnungen auf dem Vorlagenbogen zu finden.

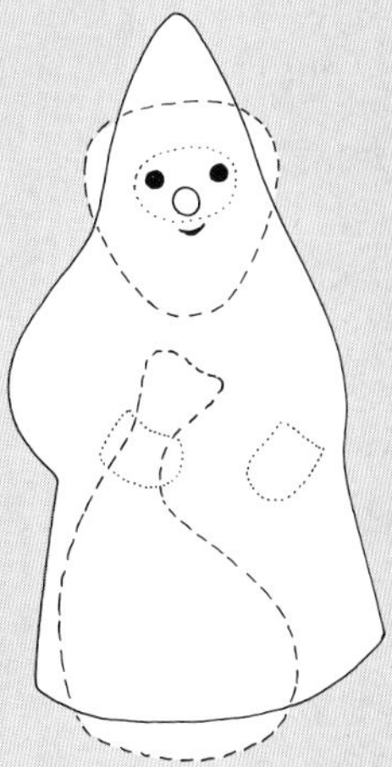

1. Rahmen: Beim Durchzeichnen des Rahmens auf Transparentpapier (Butterbrotpapier) solltest Du unbedingt ein Lineal verwenden. Die Ecken kannst Du später beim Ausschneiden abrunden.

2. Weihnachtsmann: Auf den roten Körper wird zuerst das Haar-Bartteil und darauf das mit Filzstift aufgemalte Gesicht geklebt. Als nächstes klebst Du den Sack am roten Mantel fest. Erst zum Schluß werden die beiden Hände befestigt, wobei eine Hand den Sack hält.

3. Christbaum: Der Baum wird mit Kerzen und Kugeln geschmückt.

4. Weihnachtsmann und Christbaum werden wie auf dem Foto am Rahmen angeklebt.

Kein Schneemann steht gern allein

(Abbildung siehe Umschlagrückseite)

Die verkleinerten Zeichnungen können Dir dabei helfen, die Originalzeichnungen auf dem Vorlagenbogen zu finden.

1. **Hut und Mütze** werden doppelt benötigt. Alle übrigen Teile brauchst Du nur einmal auszuschneiden.
2. **Papa:** Die beiden Hutteile klebst Du von vorne und von hinten am Schneemann fest. Sie sollten genau aufeinander passen. Gesicht und Knöpfe zeichnest Du am besten leicht mit Bleistift vor und malst dann mit Filzstift nach.
3. **Sohn:** Wie beim Papa der Hut, wird hier die Mütze angeklebt. Der Schal besteht aus dem gestrichelten und dem punktierten Teil. Dabei klebst Du das gestrichelte Teil von vorne und das andere von hinten an den Schneemann. Nun fehlt nur noch das Gesicht.